PROSODIE LATINE

A LA MÊME LIBRAIRIE

Nouvelle prosodie latine, par L. Quicherat. 1 vol. in-16, cartonné, 1 fr.

Traité de versification latine, à l'usage des classes supérieures des lettres, par le même auteur. 1 volume in-16, cartonné, 3 fr.

Thesaurus poeticus linguæ latinæ ou *Dictionnaire prosodique et poétique de la langue latine*, contenant tous les mots employés dans les ouvrages ou les fragments qui nous restent des poëtes latins, par le même auteur. 1 vol. grand in-8 cartonné en toile, 8 fr. 50 c.

Petit traité de versification française, par le même auteur. 1 vol. in-16, cartonné, 1 fr.

PROSODIE LATINE

OU

MÉTHODE

POUR APPRENDRE LES PRINCIPES
DE LA QUANTITÉ ET DE LA PROSODIE LATINE

PAR LE CHEVALIER

ÉDITION REVUE ET AUGMENTÉE

PAR

L. QUICHERAT

Auteur du Traité de versification latine et du Thesaurus pœticus Linguæ latinæ

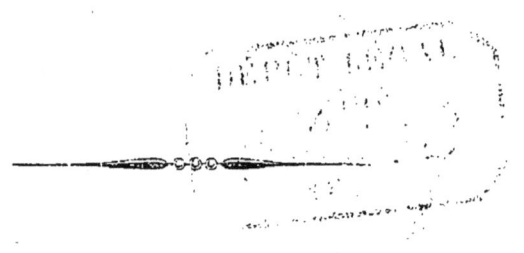

PARIS

LIBRAIRIE HACHETTE ET Cⁱᵉ

79, BOULEVARD SAINT-GERMAIN, 79

1882

AVERTISSEMENT

La Prosodie latine de l'abbé Le Chevalier obtient depuis longues années un succès qu'elle doit, non pas à sa vaste science, ni même toujours à l'exactitude rigoureuse de ses préceptes, mais sans doute à la simplicité de sa rédaction. Ce mérite, qui est celui des grammaires de Lhomond, ne saurait être détruit par quelques critiques de détail. C'est donc par estime pour cet ouvrage que nous avons accepté le soin d'en donner une nouvelle édition, bien que nous sachions ce qu'il laisse à désirer.

Les nombreuses réimpressions de la Prosodie de Le Chevalier présentent quelques différences. Il a plu à certains éditeurs d'y faire des additions et des transpositions. Nous avons recherché une édition de 1803, revue par l'auteur, afin d'en donner une reproduction exacte.

Cependant notre scrupule à conserver le texte de l'auteur ne nous faisait pas une loi d'approuver toutes ses assertions, et nous avons signalé dans des notes quelques citations fausses, quelques préceptes inadmissibles. Dans deux endroits seulement nous nous sommes permis une courte modification dans le texte même. Comme il s'agit ici d'erreurs tellement palpables que MM. les professeurs ne manquent jamais de les signaler à leurs élèves, nous avons cru qu'on nous pardonnerait d'avoir voulu leur épargner cette peine.

L. Q.

PRÉFACE DE L'AUTEUR

Les règles de la poésie latine, comme celles de tous les arts, doivent être simples, courtes et exactes : sans ces qualités, loin d'éclairer et d'aider l'esprit, elles ne feraient que l'embarrasser. La simplicité des règles en facilite l'intelligence et l'application ; la brièveté leur ôte ce qu'elles pourraient avoir de fatigant pour la mémoire ; enfin, l'exactitude leur donne cette précision, qui, sans rien omettre, ne dit rien de trop.

Ce sont là les caractères essentiels de tout ouvrage élémentaire destiné à l'instruction de la jeunesse. Les méthodes dont on se sert ordinairement pour enseigner les principes de la quantité et de la poésie latines, sont bien éloignées de ce degré de perfection. Le temps qu'il faut aux jeunes gens pour les apprendre, en est une preuve convaincante : à peine plusieurs années leur suffisent-elles pour une étude qui ne devrait demander que quelques mois tout au plus : aussi les livres qu'ils ont entre les mains, ne sont pas faits pour accélérer leurs progrès ; on y voit des règles longues, obscures et difficiles, qui traînent après elles des commentaires, des gloses, des interprétations ; en sorte qu'il faudrait, pour ainsi dire, des règles pour apprendre les règles mêmes. De là l'étude de la poésie, qui ne devrait être pour les jeunes gens qu'un utile amusement, leur coûte mille peines, qui font souvent couler plus de larmes qu'elles ne font éclore de vers. Le Parnasse latin leur paraît une montagne inaccessible, dont les voies sont hérissées d'épines, et elles doivent être parsemées de fleurs.

Des maîtres éclairés ont reconnu depuis longtemps le défaut de ces méthodes. Il était aisé d'apercevoir qu'on pouvait trouver un chemin plus court et plus facile pour arriver au même but. Tel est l'objet qu'on s'est proposé dans ces leçons. L'auteur les avait d'abord destinées à un jeune homme distingué par sa naissance et par ses qualités, et il ne songeait à rien moins qu'à les rendre publiques : les avis et les instances de plusieurs personnes occupées de l'éducation de la jeunesse, le déterminèrent enfin à mettre au jour ce faible fruit de ses études. L'accueil favorable qu'ont éprouvé les éditions précédentes, donne lieu d'espérer que celle-ci aura le même succès.

Les partisans des anciennes méthodes diront peut-être qu'elles ont un avantage que la nôtre n'a point, c'est de présenter les règles en vers latins ou français. Il est vrai que la forme du vers peut quelquefois aider la mémoire; mais ce n'est pas dans des leçons de la nature de celles-ci. La mesure et le style poétique ne peuvent qu'y répandre de l'embarras et de l'obscurité. Les règles des grammaires grecques, latines et des autres langues, sont écrites en prose, et elles n'ont pas besoin du secours de la poésie : ce n'est pas le lieu d'en faire usage; on augmenterait par là les difficultés au lieu de les aplanir. Il en est de même de la quantité. Qu'on propose à un enfant cette règle toute simple : *Une voyelle suivie de deux consonnes est longue;* il l'entendra mieux, il l'apprendra plus aisément qu'une règle obscure et rebutante qui demande une longue explication :

> Dum postponuntur vocali consona bina,
> Aut duplex, longa est positu : quòd si duo subsint
> Finali, positu rarò producitur illa, etc.

> La voyelle longue s'ordonne,
> Lorsqu'après suit double consonne, etc.

Si c'est la mémoire ou l'intelligence des jeunes gens qu'on veut exercer, on peut cultiver leurs talents d'une manière plus utile. Le style même qui règne dans ces vers, loin de leur former le goût, serait capable de l'altérer. Ne vaut-il pas mieux enrichir leur esprit des plus beaux morceaux de nos poëtes latins ou français?

Au reste, notre intention n'est point de censurer ici les maîtres de l'art qui nous ont précédés, et qui nous ont ouvert la carrière : nous avons profité de leurs lumières, et nous ne dirons rien qu'ils n'aient eux-mêmes enseigné; mais en suivant leurs leçons, nous y avons quelquefois ajouté et souvent retranché; nous avons tâché surtout de les mettre plus à la portée des jeunes disciples d'Apollon.

On n'a rien négligé dans cette méthode pour faciliter et pour adoucir l'étude autant qu'il est possible. On a mis en note beaucoup de choses qui auraient pu surcharger les règles, et qu'il suffira de lire avec attention. Chaque règle sera suivie d'un vers pour servir d'exemple : ces vers une fois bien appris, rappelleront toujours la règle, et pourraient même en tenir lieu. Enfin on a cherché les plus beaux vers latins, et on a tâché d'offrir, autant que la chose le permettait, des traits propres à orner l'esprit ou à former le cœur. C'est ici l'objet essentiel, auquel doivent se rapporter toutes les parties de l'éducation. L'école de la poésie doit être en même temps l'école de la sagesse.

PROSODIE LATINE

CHAPITRE PREMIER

DE LA QUANTITÉ EN GÉNÉRAL.

La quantité est la mesure des syllabes.

La syllabe est composée de consonnes et de voyelles, qui se joignent ensemble dans la prononciation, comme *ho-mo, car-men*, etc.

Une simple voyelle fait quelquefois une syllabe, comme *a, e-go*, etc.

Les syllabes sont longues, ou brèves, ou communes.

La syllabe longue se prononce lentement, et se marque ainsi ¯ (*virtūtēs*)

La syllabe brève se prononce avec brièveté, et se marque ainsi ˘ (*Dŏmĭnŭs*).

La syllabe commune se prononce dans la prose comme la brève ; mais dans la poésie elle est longue ou brève, et on la marque ainsi ˘ (*tenĕbræ*).

DES PIEDS.

Le pied est un arrangement de syllabes longues ou brèves [1].

On distingue plusieurs sortes de pieds.

---

[1] Observez que la quantité est la mesure des syllabes, les syllabes sont la mesure du pied, et les pieds la mesure du vers

PIEDS DE DEUX SYLLABES.

Le *Spondée*, deux longues, comme ūrbēs,
L'*Iambe*, une brève et une longue, comme dĭēs.
Le *Trochée*, une longue et une brève, comme ārmă.

PIEDS DE TROIS SYLLABES.

Le *Dactyle*, une longue et deux brèves, comme cārmĭnă.
L'*Anapeste*, deux brèves et une longue, comme pĭĕtās.

CHAPITRE II

DES DIFFÉRENTES ESPÈCES DE VERS.

DU VERS HEXAMÈTRE.

Le vers Hexamètre [1] est composé de six pieds, dont les quatre premiers sont dactyles ou spondées indifféremment; le cinquième est un dactyle, et le sixième un spondée. Exemple :

Tityre, tu patulæ recubans sub tegmine fagi,
Sylvestrem tenui musam meditaris avená. VIRG.

Scandez :

  1   2   3   4   5   6
Tītўrĕ, | tū pătŭ | læ rĕcŭ | bāns sūb | tēgmĭnĕ | fāgī,
  1   2   3   4   5   6
Sīlvē | strēm tĕnŭ | ī mū | sām mĕdĭ | tāris ă | vēnā

---

[1] Ce mot, *hexamètre*, vient des mots grecs ἕξ *sex*, et μέτρον *mensura*, vers de six mesures. On l'appelle aussi vers héroïque, parce qu'il est ordinairement consacré à chanter les exploits et la gloire des héros.

Le vers Hexamètre est quelquefois spondaïque : alors le cinquième pied est un spondée [1] :

Cārā̆ Dĕ̄ŭm sŏ̆bŏ̆lēs, māgnūm Jŏvīs īncrēmēntūm.

DU VERS PENTAMÈTRE.

Le vers Pentamètre [2] est composé de cinq pieds, dont les deux premiers sont dactyles ou spondées, le troisième est un spondée, le quatrième et le cinquième sont deux anapestes. Exemple :

Tempora si fuerint nubila, solus eris.

Scandez :

    1   2   3   4   5
Tēmpŏrā̆·| sī fŭĕ | rīnt nū | bĭlā̆, sō | lŭs ĕrīs.

Mais il vaut mieux le scander [3] de la manière suivante :

Tēmpŏrā̆ | sī fŭĕ | rīnt | nŭbĭlā̆, | sōlŭs ĕ | rīs.

En mesurant ainsi le vers Pentamètre, on voit qu'il a deux hémistiches (demi-vers) égaux, composés chacun de deux pieds et demi; les deux derniers pieds sont des dactyles.

Le vers Pentamètre doit être précédé d'un vers Hexamètre. Ces deux vers, joints ensemble, forment un distique [4]. Exemple :

---

[1] C'est une licence dont il faut user rarement. On aura lieu d'en parler dans la suite, et d'en montrer l'usage.

[2] Ce mot, *pentamètre*, vient des mots grecs πέντε *quinque*, et μέτρον *mensura*, vers de cinq mesures.

[3] Cette note de l'auteur a paru devoir être introduite dans le texte. (ÉDIT.)

[4] *Distique*, on appelle ainsi deux vers liés ensemble et qui font un sens complet. Chaque distique doit être suivi d'un repos, c'est-à-dire que la même phrase ne peut s'étendre d'un distique à l'autre.

Donec eris felix, multos numerabis amicos ;
Tempora si fuerint nubila, solus eris. Ov.

CHAPITRE III

DES RÈGLES DE LA QUANTITÉ.

SECTION PREMIÈRE

Des règles générales.

Règle I. La dernière syllabe de tout vers est commune, c'est-à-dire, longue ou brève. Exemple :

Nos patriæ fines, et dulcia linquimus arvă. V.

Règle II. Toute voyelle est longue quand elle est suivie, dans le même mot, de deux consonnes [1], ou d'une de ces lettres doubles X, Z, J, comme *dūlcia, līnquūnt ēxsilio*, etc. Exemple :

Ēxsilioque domos et dūlcia limina līnquūnt. V.

Exception. Si la première consonne qui suit la voyelle est une muette, et la seconde une des liquides *l* ou *r*, comme dans ces mots, *volucris, poplitis*, la voyelle est quelquefois longue, et quelquefois commune.

1° Elle est toujours longue quand la syllabe est

---

[1] Parmi les consonnes, il y en a trois qu'on appelle doubles, savoir : X, Z, J ; deux liquides ou coulantes, qui sont L et R, auxquelles on peut joindre M, N ; les autres sont muettes, B, C, D, F, G, K, P, Q, T, V. La lettre H n'est ni voyelle ni consonne : elle n'est comptée pour rien dans la mesure des vers.

longue de sa nature, comme dans ces mots : *māter, mātris; frāter, frātris; arātor, arātrum*, etc.

Parva sub ingenti mātris se subjicit umbrā. V.

2° La voyelle est encore longue, quand les deux consonnes se rapportent à deux syllabes différentes, et qu'on peut les séparer dans la prononciation, comme dans ces mots : *sūbrideo, ōbruo*, etc.

Incute vim ventis, submersasque ōbrue puppes. V.

Mais si la muette et la liquide appartiennent à la même syllabe, la voyelle est longue ou brève [1], comme dans ces mots : *pătris, tenĕbræ*, etc. Exemple :

Natum ante ora pătris, pātremque obtruncat ad aras. V.

Règle III. Toute voyelle est longue quand elle est suivie de deux consonnes, dont l'une se trouve à la fin d'un mot, et l'autre au commencement du mot suivant, comme dans ces mots : *deūs nobis*, etc. Exemple :

O Melibœe, deūs nobis hæc otia fecit. V.

Remarque. Il faut absolument éviter de mettre, après une syllabe brève, un mot qui commence par deux consonnes (dont la seconde n'est pas une des

---

[1] C'est un des points les plus embarrassants de la quantité latine, et sur lequel on n'a donné que des règles obscures ou défectueuses. La règle qu'on propose ici, paraît plus exacte et plus aisée à saisir; les enfants mêmes savent que dans ces mots *patris, tenebræ*, etc., les syllabes doivent s'arranger et se prononcer ainsi, *pa-tris, tene-bræ*, et que dans ces mots, *subrideo, obruo*, etc., la consonne *b* se rapporte à la première syllabe, et la consonne *r* à la seconde, *sub-rideo, ob-ruo*.

liquides *l*, *r*), ou par une lettre double : *sp, st, sc, sq, x, z,* comme : *Sæpe stylum, tela scandite, occulta spolia* [1].

Mais l'on mettra bien : *Cyllenĭă proles, vulnerĕ clauda,* etc. Exemple :

Materno veniens ab avo Cyllenĭă proles. V.
. . . . *Pars vulnerĕ clauda retentat.* Id.

Règle IV. La voyelle suivie d'une voyelle [2] dans le même mot, est brève : *impĭa, timŭerunt,* etc. Exemple :

Impĭaque æternam timŭerunt sæcula noctem. V.

Exceptions. 1° *E* entre deux *i* est long au génitif et au datif singulier de la cinquième déclinaison, comme *diēi, speciēi,* etc. Exemple :

Nunc adeŏ melior quoniam pars acta diēi. V.

2° *Fi* est long dans les temps du verbe *fio* où *r* ne se trouve point ; il est bref dans les autres temps : *fĭent, fĭeri.* Exemple :

Omnia jam fīent, fīeri quæ posse negabam. Ov.

---

[1] Ce paragraphe a été complétement modifié. L'auteur établissait sur ce point une règle défectueuse, dont il n'était ni légitime ni prudent de faire usage ; car nous savons qu'au concours général on a plus d'une fois réputé comme faute la brève suivie d'un mot commençant par deux consonnes. D'ailleurs, il attribuait à Ovide un vers qui n'est pas dans ce poète : *Gessit honoratā regia sceptra manu.* Ovide a dit : *Semper honoratā sceptra tenere manu.* (Trist. I, 8, 22.) Voyez de plus amples développements dans le *Traité de Versification latine,* p. 275. (Éd.)

[2] Les voyelles sont *a, e, i, o, u, y.* Il ne faut pas confondre *j* et *u* consonnes avec *i* et *u* voyelles.

3° *I* est commun dans les génitifs en *ius*, comme *unĭus*, *illĭus*, etc. Ex.

Unĭus ob noxam et furias Ajacis Oilei. V.
Navibus (infandum) amissis unĭus ob iram. Id.

4° *I* est long dans le génitif *alīus*, et bref dans *alterĭus*¹.

5° *O* est long dans les noms *herōs*, *herōis*; *a* est long dans *āer*, *āeris*. Ex.

Magnanimi herōes, nati melioribus annis. V.
Alta petunt āer, atque āere purior ignis. O.

6° *E* est long dans l'interjection *ēheu*; et est commun dans *ŏhe*. Ex.

Ēheu! quid volui misero mihi? V.

7° Quelques² noms propres, terminés en *aius*, *eius*, font longue la voyelle devant *i*, comme *Cāius*, *Lāius*, *Priāmeius*, etc.

Il faut excepter encore plusieurs noms propres dérivés du grec, comme *Trōes*, *Ænēas*, *Amphīon*, *Lycāon*, *Menelāus*, etc.

Dans *Maria*, *i* est commun³.

Règle V. Toute diphthongue est longue, comme dans ces mots : *Musæ*, *pænitet*, *paūlo*, *Graīus*, *ēia*, *Eūropa*. Ex.

Sicelides Musæ, paūlò majora canamus. V.

---

¹ On a supprimé ici un vers de Despautère. (Éd.)
² Il était nécessaire de dire *quelques* noms propres, puisque *Graius*, cité plus loin, ne rentre pas dans ce cas, et fait une seule syllabe de *ai*. *Pompeius* ne peut appartenir à ce paragraphe, puisque *ei* forme une diphthongue, comme dans *eia*. (Éd.)
³ L'auteur le faisait seulement long. (Éd.)

Exception. La préposition *præ* devient brève dans les mots composés où elle est suivie d'une voyelle, comme *prăit, prăustus*, etc. Ex.

Et venit stellā non prăeunte dies. Pedo[1]

Règle VI. Une syllabe formée de deux syllabes par contraction [2], est toujours longue, comme *cōgo*, qui vient de *coago ; nīl* de *nihil ; mī* de *mihi*, etc. Ex.

. . . . . *Quid non mortalia pectora cōgis,*
Auri sacra fames ? V.

La même règle doit s'observer, quand on restreint dans la mesure des mots deux syllabes en une, comme *Dī* pour *Dĭĭ ; cuī* pour *cŭĭ* [3]; *deīnde* pour *dĕĭnde*, etc. Ex.

Dī, prohibete minas ; Dī, talem avertite casum. V.

SECTION II

Règles particulières des mots composés [4].

Règle I. Les voyelles ou syllabes *a, e, de, di, præ, se, tra*, sont longues dans les mots composés, comme

---

[1] L'auteur a pris un exemple de *Pedo Albinovanus* (et non *Properce*); mais il ne faut pas croire que les meilleurs poëtes ne lui en fournissaient pas :

Stipitibus duris agitur sudibusve prăustis. V.
Quos ubi viderunt præacutæ cuspidis hastis. O.   (Éd.)

[2] *Contraction ;* les grammairiens appellent ainsi la réduction de deux syllabes en une.

[3] On doit toujours faire de *cui* une seule syllabe longue ; mais quand il arrive que les poëtes en font deux syllabes, la dernière est souvent brève. (Éd.)

[4] On ne s'étendra point ici sur toutes les syllabes qui peuvent

āmitto, dēduco, dīmitto, prǣcedo, sēduco, trāduco, etc. Ex.

Et qualem infelix āmisit Mantua campum. V.

Il faut excepter *dĭrimo* et *dĭsertus*, qui font *di* bref. Ex.

Et Rutulum nostro dĭrimatur sanguine bellum. V.

Règle II. Les prépositions brèves de leur nature sont brèves aussi dans les mots composés [1], savoir ăb, ăd, ăn, antĕ, ĭn, ŏb, circŭm, intĕr, pĕr, prætĕr, sŭb, supĕr : comme ăboleo, ădigo, ănhelo, antĕcedo, ĭneo, ŏbeo, circŭmago, intĕreo, pĕreo, prætĕreo, sŭbeo, supĕraddo, etc. Ex.

Nec poterit ferrum, nec edax ăbolere vetustas. O.

Re est encore bref dans les mots composés, excepté dans l'impersonnel *rēfert*. Ex.

Fervet opus, rĕdolentque thymo fragrantia mella. V.
Præterea nec jam mutari pabula rēfert. Id.

DES CRÉMENTS CONSIDÉRÉS DANS LES NOMS.

Lorsqu'un nom substantif ou adjectif a, dans les autres cas, une syllabe de plus qu'au nominatif, cette

---

se trouver au commencement des mots. Les règles générales qu'on vient d'exposer, et les deux règles suivantes, répandront quelque lumière sur cet objet. Le reste semble se refuser à des principes méthodiques, c'est une chose que l'usage seul peut apprendre.

[1] Observez que cette règle n'a plus lieu quand les voyelles de ces prépositions se trouvent suivies de deux consonnes ou d'une lettre double; dans ce cas, elles deviennent longues par la seconde règle générale, comme dans ces mots : *abnego, abjicio*, etc.

syllabe s'appelle *crément*. Ainsi dans *virtutis*, qui vient de *virtus*, il y a un crément [1].

On compte autant de créments qu'il se trouve de syllabes de plus aux autres cas qu'au nominatif : dans *virtutis*, il n'y a qu'un crément ; dans *virtutibus*, il y en a deux.

Le crément ne tombe jamais sur la dernière syllabe, mais sur celles qui la précèdent immédiatement. Si le mot croît d'une syllabe, c'est la pénultième qu'on doit regarder comme crément ; s'il croît de deux ou de trois syllabes, c'est la pénultième, l'antépénultième, et ainsi des autres, en suivant toujours le même ordre. Dans *virtutis*, le crément est *tu ;* dans *virtutibus*, les deux créments seront *tu* et *ti*, etc.

Il faut distinguer dans les noms deux sortes de créments, ceux du singulier et ceux du pluriel.

CRÉMENTS DU SINGULIER

PREMIÈRE DÉCLINAISON.

La première déclinaison n'a point de crément au singulier, comme on le voit dans *Musa, Musæ; Penelope, Penelopes*, etc.

SECONDE DÉCLINAISON.

Règle. Le crément du singulier est bref dans les noms de la seconde déclinaison : *puer, puĕri*. Ex.

Maxima debetur puĕro reverentia : si quid
Turpe paras, ne tu puĕri contempseris annos. Juv.

---

[1] Crément, c'est-à-dire accroissement ; ce mot vient du mot latin *crescere*, croître.

Il faut seulement excepter les noms propres *Iber* et *Celtiber*, qui ont le crément long, *Ibēri, Celtibēri*. Ex.

Aut impacatos a tergo horrebis Ibēros. V.

TROISIÈME DÉCLINAISON.

Règle. I. A crément du singulier est long dans les noms de la troisième déclinaison, comme *pietas, pietātis ; animal, animālis*, etc. Ex.

Si te nulla novet tantæ pietātis imago. V.

Exceptions. 1° A est bref dans les noms neutres terminés en *a*, comme *poema, poemătis ; epigramma, epigrammătis*, etc. Ex.

Non satis est pulchra esse poemăta, dulcia sunto. H.

2° A est bref dans les noms en *as*, qui ont le génitif en *adis* et *aris*, comme *lampas, lampădis; Pallas, Pallădis ; mas, măris*, etc.

Et sol flammigerā lustrabit lampăde terras. V.

3° A est bref dans les noms propres masculins terminés en *al* et en *ar*, comme *Annibal, Annibălis; Cæsar, Cæsăris*, etc. Ex.

Annibălis spolia, et victi monumenta Syphacis. Prop.

4° A est encore bref dans les adjectifs *par, păris*, et dans ses composés *impar, impăris ; dispar, dispăris*, etc. Joignez-y les noms suivants : *anas, ănătis ; bacchar, bacchăris ; jubar, jubăris ; lar, lăris ; nectar, nectăris ; trabs, trăbis*. Ex.

. . . *Numero Deus impăre gaudet.* V.

RÈGLE II. *E* crément du singulier est bref dans les noms de la troisième déclinaison, comme *seges, segĕtis; munus, munĕris*, etc. Ex.

Hic segĕtes, illic veniunt feliciùs uvæ. V.

Exceptions. 1° *E* est long dans les noms en *en*, qui font *enis* au génitif, comme *ren, rēnis; Siren, Sirēnis*, etc. Ex.

Monstra maris Sirēnes erant, quæ voce canorâ. O.

2° *E* est long dans les mots suivants : *hæres, hærēdis; lex, lēgis; locuples, locuplētis; magnes, magnētis : merces, mercēdis; quies quiētis; rex, rēgis; ver, vēris; vervex, vervēcis*. Ex.

Omnia sub lēges mors vocat atra suas. O.

3° *E* est long dans les noms en *er* et en *es*, qui ont dans le grec un *éta* à la pénultième du génitif, comme *crater, cratēris; Ser, Sēris; tapes, tapētis;* joignez-y les noms hébreux : *Daniel, Daniēlis; Israel, Israēlis.* Ex.

Armaque, cratērasque simul, pulchrosque tapētas. V.

RÈGLE III. *I* et *Y*, créments du singulier, sont brefs dans les noms de la troisième déclinaison, comme *homo, homĭnis; martyr, martўris*, etc. Ex.

Os homĭni sublime dedit, cœlumque tueri
Jussit, et erectos ad sidera tollere vultus. O.

Exceptions. 1° *I* est long dans les monosyllabes

Dis, Dītis; glis, glĭris ; lis, lītis; et dans *vīres* pluriel de *vis.* Ex.

Noctes atque dies patet atri janua Dītis. V.

2° *I* est long dans les noms terminés en *in* qui viennent du grec, comme *Delphin, Delphīnis ; Salamin, Salamīnis*, et dans les noms de peuple, *Quiris, Quirītis ; Samnis, Samnītis.* Ex.

Delphīnum similes, qui per maria humida nando. V.

3° *I* est long dans la plupart des noms en *ix*, comme *felix, felīcis ; radix, radīcis*, etc. Ex.

Vivite felīces, quibus est fortuna peracta. V.

Les noms suivants, terminés en *ix*, font *i* bref au crément, *calix, calĭcis ; filix, filĭcis ; fornix, fornĭcis; nix, nĭvis ; pix, pĭcis ; salix, salĭcis*, et *vĭcis*, dont le nominatif *vix* n'est point usité. Ex.

Et filĭcem curvis invisam pascit aratris. V.

Règle IV. *O* crément du singulier est long dans les noms de la troisième déclinaison, comme *dolor, dolōris ; sermo, sermōnis; melior, meliōris.* Ex.

Infandum, Regina, jubes renovare dolōrem. V.

Exceptions. 1° *O* est bref dans les substantifs neutres terminés en *or*, en *ur*, et en *us*, etc., comme *marmor, marmŏris; ebur, ebŏris: pectus, pectŏris*, etc. Ex.

Fortiaque adversis opponite pectŏra rebus. H.

2° *O* est bref dans les noms propres en *or*, qui

viennent du grec, comme *Hector, Hectŏris ; Nestor, Nestŏris*, et dans les noms de peuple en *o*, comme *Macedo, Macedŏnis ; Saxo, Saxŏnis*. Ex.

Multa super Priamo rogitans, super Hectŏre multa. V.

3° *O* est encore bref dans ces noms : *arbor, arbŏ-ris ; bos, bŏvis ; compos, compŏtis ; impos, impŏtis, inops, inŏpis ; lepus, lepŏris ; memor, memŏris ; præcox, præcŏcis ; tripus, tripŏdis.* Ex.

Mugitusque boum, mollesque sub arbŏre somni. V.

RÈGLE V. *U* crément du singulier est bref dans les noms de la troisième déclinaison, comme *consul, consŭlis ; dux, dŭcis ; murmur, murmŭris*, etc. Ex.

Si canimus sylvas, sylvæ sint consŭle dignæ. V.

Exceptions. 1° *U* est long dans ces trois noms : *lux, lūcis ; Pollux, Pollūcis*, et *frūgis*, dont le nominatif *frux* n'est point usité. Ex.

Restitit Æneas, clarāque in lūce refulsit. V.

2° *U* est long dans les noms terminés en *us*, qui ont le génitif en *udis, uris, utis*, comme *palus, palū-dis ; jus, jūris ; salus, salūtis*, etc. Ex.

Una salus victis nullam sperare salūtem. V.

On exceptera les trois noms suivants, qui font *u* bref : au crément : *pecus, pecŭdis ; intercus, intercŭ-tis ; Ligus, Ligŭris*, Ex.

Nigram hiemi pecŭdem, Zephyris felicibus albam. V.

QUATRIÈME ET CINQUIÈME DÉCLINAISON.

Le crément du singulier, dans les noms de la quatrième déclinaison, se rapporte à la quatrième règle générale, où l'on voit qu'une voyelle est brève quand elle est suivie d'une autre voyelle dans le même mot. Telle est ici la nature du crément, comme dans ces mots, *fructus, fructŭi; quæstus, quæstŭi*, etc.

Le crément de la cinquième déclinaison est bref par la même règle, ou long, suivant l'exception pour la voyelle *e* entre deux *i :* comme dans *res, rĕi; dies, diēi*, etc.

(*Voyez la règle ci-dessus*, pag. 7.)

CRÉMENT DU PLURIEL DANS LES NOMS.

Il faut d'abord observer que tous les créments du singulier gardent au pluriel la même quantité. Ainsi, dans *virtūtis*, le crément *tu* est long; il sera long aussi dans *virtūtes ;* dans *tempŏris*, le crément *po* est bref; il sera bref encore dans *tempŏra*.

On connaît les créments du pluriel de la même manière que ceux du singulier, en comparant le nominatif avec les autres cas. Si l'on trouve au génitif, ou dans les cas suivants, une syllabe de plus qu'au nominatif pluriel, la pénultième sera un crément du pluriel. Ainsi *mensæ*, nominatif pluriel, n'a que deux syllabes, et *mensarum* en a trois : la pénultième *sa* est un crément du pluriel : dans *sermonibus*, ce sera la pénultième *ni*[1], etc.

---

[1] Ces créments, en passant au pluriel, ne changent point de nature : on doit toujours les regarder comme créments du singulier; et c'est à ce principe qu'il faut les rappeler, pour en déterminer la quantité.

RÈGLE UNIVERSELLE POUR LES CRÉMENTS DU PLURIEL.

A, e, o sont toujours longs aux créments du pluriel; *i* et *u* sont toujours brefs, comme dans ces noms : *flammārum, diērum, bonōrum; fornacĭbus, artŭbus,* etc. Exemple :

*Vidimus undantem ruptis fornacĭbus Ætnam,
Flammārumque globos liquefactaque volvere saxa.* V.

DES CRÉMENTS CONSIDÉRÉS DANS LES VERBES.

Pour connaître les créments des verbes, il faut compter combien il y a de syllabes à la seconde personne du présent singulier de l'indicatif actif; les autres personnes dans toute l'étendue du verbe auront autant de créments qu'elles auront de syllabes de plus. Dans *amo*, par exemple, la seconde personne *amas* a deux syllabes, *amamus* en a trois; ainsi la pénultième *ma* est un crément : *amabamus* a quatre syllabes; ce mot a donc deux créments, qui sont *ma, ba : amabimini* a cinq syllabes, et par conséquent trois créments, qui sont *ma, ba, mi*. Il en est de même de tous les autres verbes.

Pour connaître les créments des verbes déponents, il faut leur supposer une seconde personne d'un indicatif actif, qu'ils n'ont pas dans le latin. Par exemple : *hortas* sera cette personne supposée pour le verbe déponent *hortor*. Ainsi, dans *hortaris*, qui a une syllabe de plus que *hortas*, on trouvera un crément, on en trouvera deux dans *hortabaris*, etc.

RÈGLE I. *A* crément des verbes est long : *amāmus, docebāmus, resonāre*, etc. Exemple.

Formosam resonāre doces Amaryllida sylvas. V.

Exception. A est bref au premier crément du verbe *do* et de ses composés *circumdo, pessumdo : dăbatur, circumdămus.* Exemple :

Nam quod consilium, aut quæ jam fortuna dăbātur ? V.

RÈGLE II. *E* crément des verbes est long : *amēmus, tenēbant, conticuēre.* Exemple :

Conticuēre omnes, intentique ora tenēbant. V.

Exceptions. 1° *E* crément est bref dans tous les temps terminés en *ĕram, ĕrim, ĕro,* comme *raptavĕram, legĕrim audivĕro,* et dans les temps du verbe *sum : ĕram, ĕro,* etc. Exemple :

Ter circum Iliacos raptavĕrat Hectora muros. V.

2° *E* est bref dans les secondes personnes du futur, terminées en *bĕris, bĕre,* comme *celebrabĕris, celebrabĕre,* etc. Exemple :

Semper honore meo, semper celebrabĕre donis. V.

3° *E* est encore bref au premier crément du présent de l'indicatif, de l'imparfait du subjonctif, et du présent de l'indicatif dans les verbes de la troisième conjugaison, *legĕris, legĕrem, legĕre*[1], etc. Exemple :

Jam legĕre, et quæ sit poteris cognoscĕre virtus. V.

RÈGLE III. *I* crément des verbes est bref : *vidĭmus, superavĭmus,* etc. Exemple :

. . . . Satis una superque
Vidĭmus excidia, et captæ superavĭmus urbi. V.

---

[1] Quelquefois *e* est bref aux terminaisons en *erunt,* dans ces mots : *steterunt, constiterunt;* c'est une licence dont on voit des exemples dans Virgile. *Obstupui, stetĕruntque comæ, et vox faucibus hæsit.*

Exceptions. 1° *I* est long au premier crément des verbes de la quatrième conjugaison[1], comme *audīmus, scīrent, īmus,* etc. Exemple :

Ignoscenda quidem, scīrent si ignoscere Manes. V.

2° *I* est long au premier crément des parfaits en *ivi*, et des temps qui en sont formés. Exemple :

Quæsīvit cœlo lucem, ingemuitque repertā. V.

3° *I* crément est long au présent du subjonctif dans ces verbes, *volo, nolo, malo, sum* et ses composés, *adsum, possum,* etc. : *velīmus, velītis, sīmus, sītis, possīmus, possītis,* etc. Exemple :

Atque hæc ut certis possīmus discere signis. V.

RÈGLE IV. *O* crément des verbes est toujours long *facitōte, estōte,* etc. Exemple :

Quumque loqui poterit, matrem facitōte salutet[2]. O.

RÈGLE V. *U* crément des verbes est bref : *sŭmus, nolŭmus,* etc. Exemple :

Nolŭmus assiduis animum tabescere curis. O.

Exception. U est long à la pénultième des futurs en *rus, ra, rum,* comme *amatūrus, moritūrus,* etc. Ex.

Cingitur, ac densos fertur moritūrus in hostes. V.

---

[1] Remarquez que le verbe *eo*, et ses composés *exeo, subeo,* etc., sont compris dans cette exception. Ces verbes se rapportent à la quatrième conjugaison, puisqu'ils ont la seconde personne du présent de l'indicatif en *is*, et l'infinitif en *ire*.

[2] On a remplacé un exemple de fantaisie par un exemple d'Ovide. (ÉDIT.)

DES PARFAITS.

Règle I. Les parfaits[1] de deux syllabes ont la première longue, comme *vĕni, vīdi, vīci*, etc. Exemple :

Vēnit summa dies et ineluctabile tempus. V.

Exception. La première syllabe est brève dans ces six parfaits : *bĭbi, dĕdi, fĭdi, scĭdi, stĕti, tŭli*. Exemple :

Omne tŭlit punctum, qui miscuit utile dulci. H.

Règle II. Les parfaits qui redoublent leur première syllabe font les deux premières brèves[2], comme *cĕcĭni tĕtĭgi*, etc. Exemple :

Tytire, te patulæ cĕcĭni sub tegmine fagi. V.

Il faut excepter *cecīdi* venant de *cædo*, et *pepēdi* de *pedo*, qui ont la seconde syllabe longue.

DES SUPINS.

Règle I. Les supins de deux syllabes, et les participes qui en sont formés, ont la première longue, comme *nōtum, nōtus; vīsum, vīsus*, etc. Exemple :

Si minùs errasset, nōtus minùs esset Ulysses. O.

---

[1] *Parfait* étant la dénomination admise dans les grammaires latines, on l'a substituée à celle de *prétérit*. (Éd.)

[2] On observera que ces syllabes ont la même quantité dans les temps formés du parfait. Ainsi, la première syllabe qui est longue dans *vidi*, sera longue aussi dans *videram, viderim, vidissem, videro, vidisse*. Et de même les deux premières syllabes qui sont brèves dans *cecini*, seront brèves encore dans *cecineram, cecinerim*, etc.

Exceptions. Les supins des verbes suivants ont la première syllabe brève : *dătum* de *do ; cĭtum* de *cieo ; ĭtum* de *eo ; lĭtum* de *lino ; quĭtum* de *queo ; rătum* de *reor ; sătum* de *sero ; sĭtum* de *sino ; stătum*[1] de *sto*, etc.
Exemple :

Quà dăta porta, ruunt, et terras turbine perflant. V.

RÈGLE II. Les supins en *utum*, qui ont plus de deux syllabes, font la pénultième longue, ainsi que les participes qui en sont formés, comme *indūtum, indūtus ; tribūtum, tribūtus*, etc. Exemple :

*Hei mihi, qualis erat ; quantùm mutatus ab illo
Hectore, qui redit exuvias indūtus Achillis !* V.

Exception. Les composés du verbe *ruo* ont la pénultième brève au supin, et dans les participes qui en sont formés, comme *obrŭtum, obrŭtus ; dirŭtum, dirŭtus*, etc. Exemple :

Dirŭta sunt aliis, uni mihi Pergama restant. O.

RÈGLE III. 1° Les supins en *itum* ont la pénultième longue, ainsi que les participes qui en sont formés, dans les verbes dont le parfait se termine en *ivi*, comme *audītum, audītus ; quæsītum, quæsītus*, etc.
Exemple :

Artibus ingenuis quæsīta est gloria multis. O.

---

[1] La syllabe *sta*, quoique brève dans *statum*, est longue dans *staturus*, et ses composés *constaturus, obstaturus*, etc.
Remarquez que les composés de *citum*, venant de *cieo, cies*, ont la pénultième brève, comme *concĭtus ;* au lieu que *citum* venant de *cio, cis*, et ses composés, font la pénultième longue, comme *concītus, excītus.* Ex.

.... *Atque immani concĭtus irā.* V.
.... *Toto concīta pericula mundo.* L.

2° Mais si les verbes n'ont pas *ivi* au parfait, alors *itum* sera bref au supin et dans les participes qui en sont formés, comme *monĭtum, monĭtus; cognĭtum, cognĭtus*, etc. Exemple :

Discite justitiam monĭti, et non temnere Divos. V.

Exception. Les composés du verbe *eo* font *itum* bref au supin, quoiqu'ils aient le parfait en *ivi*, comme *inĭtum, inĭtus; præterĭtum, præterĭtus*, etc. Exemple :

O mihi præterĭtos referat si Jupiter annos ! V.

DES SYLLABES FINALES

I. DES VOYELLES.

RÈGLE I. *A.*

1° A est bref à la fin des mots, comme *regiă, altă*, etc. Exemple :

Regiă solis erat, sublimibus altă columnis. O.

Exceptions. 1° A final est long à l'ablatif des noms de la première déclinaison, comme *populeā, umbrā*, et au vocatif des noms grecs terminés en *as*[1], comme *Æneā, Atlā*, etc. Exemple :

Qualis populeā mœrens Philomela sub umbrā. V.
Quid miserum, Æneā, laceras ? jam parce sepulto. ID.

---

[1] Mais si le nom grec est terminé en *es* au nominatif, *a* est bref au vocatif. Ex.

Fecerunt furiæ, tristis Orestă, tuæ. O.   (ÉD.)

2° *A* final est long ou bref, mais plutôt long[1], dans les noms de nombre indéclinables terminés en *ginta*, comme *triginta*, *sexaginta*, etc.

3° *A* final est long à l'impératif, comme *amā*, *obstā*, dans les adverbes, comme *intereā*, *frustrā;* et dans les prépositions, comme *ā circā*, etc. Exemple :

> *Principiis obstā : serò medicina paratur,*
> *Quum mala per longas invaluere moras.* O.
> *Sed fugit intereā, fugit irreparabile tempus.* V.
> *Ruit alto ā culmine Troja.* Id.

Exception. Ces quatre mots *eiă*, *ită*, *quiă*, et *pută* adverbe, font *a* bref. Exemple :

> *Sed veteres ită miratur, laudatque poetas.* H.

RÈGLE II. *E*.

E est bref à la fin des mots, comme *incipĕ*, *parvĕ*, *cognoscerĕ*, etc. Exemple :

> *Incipĕ, parvĕ puer, risu cognoscerĕ matrem.* V.

Exceptions. 1° *E* final est long dans les noms de la première et de la cinquième déclinaison, comme *Penelopē*, *diē*, etc. Exemple :

> *Te, veniente diē, te, decedente canebat.* V.

2° *E* final est long à l'impératif des verbes de la seconde conjugaison, comme *docē*, *monē*, etc. L'impératif *cavĕ* fait *e* long ou bref. Exemple :

> *Tu vatem, tu, Diva, monē; dicam horrida bella.* V.

---

[1] Cette restriction a paru devoir être ajoutée, parce que Virgile et les poëtes du siècle d'Auguste allongent toujours cette finale. (Éd)

3° *E* final est long dans les adverbes formés des noms et adjectifs de la seconde déclinaison, comme *indignē*, *præcipuē*, etc. On exceptera les deux suivants, qui ont *e* bref, *benĕ*, *malĕ*[1]. Exemple :

> *Quæ venit indignē, pœna dolenda venit.* O.
> *Non benĕ Cœlestes impia dextra colit.* Id.

4° *E* final est long dans les monosyllabes, *mē*, *tē*, *sē*, *ē*, *dē*, et *nē* signifiant *de peur que*. Les autres monosyllabes font *e* bref, comme *quĕ*, *cĕ*, *vĕ*, et *nĕ* interrogatif. Ex.

> *Mē-ne efferre pedem, genitor, tē posse relicto*
> *Sperasti?* V.
> *Trojaquĕ nunc stares, Priamique arx alta, maneres.* Id.

5° *E* final est encore long dans *fermē* et *ohē*, il est commun dans *ferĕ*.

RÈGLE III. *I*.

I est long à la fin des mots, comme *virtutī*, *puerī*, *dicī*, etc. Ex.

> *Fidite virtutī : fortuna fugacior undis.* O.

Exceptions. 1° *I* final est commun dans ces mots : *mihĭ*, *tibĭ*, *tuĭ*, *quasĭ*, *ubĭ*, et *ibĭ*[2]; il est toujours bref dans *nisĭ*. Ex.

> *Fas mihĭ Graiorum sacrata resolvere jura.* V.
> *Musa, mihī causas memora.* Id.

---

[1] On a effacé les deux mots *superne* et *inferne*, dont la quantité n'est constatée par aucun exemple. (Éd.)

[2] Le mot *ibi* avait été omis par l'auteur ; il avait mis à la place la conjonction *uti*, laquelle fait toujours la dernière longue. (Éd.)

2° *I* final est bref au datif et au vocatif des noms de la troisième déclinaison, qui viennent du grec, comme *Daphnidĭ*[1], *Daphnĭ; Paridĭ, Parĭ, Palladĭ*, etc. Ex.

Insere, Daphnĭ, piros; carpent tua poma nepotes. V.

RÈGLE IV. *O*.

O est commun à la fin des mots, comme *volŏ*, *jubeŏ*, *sermŏ*[2], etc.

Sic volŏ, sic jubeō, sit pro ratione voluntas. Juv.

Exceptions. 1° *O* final est toujours long dans les datifs et les ablatifs des noms, comme *Dominō, Oceanō;* dans les adverbes formés des noms adjectifs de la seconde déclinaison, comme *continuō, subitō* et dans *ergō* pris pour *causâ*. Ex.

Imperium Oceanō, famam qui terminet astris. V.
Continuō venti volvunt mare. Id.

2° Les monosyllabes *dō, nō, stō, prō, prōh, quō*, font *o* long. Ex.

Sic ego dō pœnas artibus ipse meis. G.

L'interjection *o* est toujours longue devant une consonne ; et elle est longue ou brève devant une voyelle. Ex.

---

[1] Ces datifs sont très-rares en latin. (Éd.)

[2] Cependant, il faut remarquer que Virgile et les poëtes du siècle d'Auguste n'abrègent jamais la dernière quand la pénultième est longue. Ainsi, *canto, sermo, ambo, ergo, nemo*, devront être préférablement des spondées. On allongera par la même raison la finale des gérondifs en *do*. (Éd.)

*Ō patria, ō Divùm domus Ilium, et inclyta bello
Mœnia Dardanidùm !* V.

Ō pater, ō hominum Divùmque æterna potestas. V.
Te Corydon, ŏ Alexi : trahit sua quemque voluptas. Id.

3° *O* final est bref dans *citŏ, cĕdŏ* (*dic*), *modŏ* et ses composés *quomodŏ, postmodŏ*[1], etc. Ex.

Nec citŏ credideris; quantùm citŏ credere lædat. O.

4° *O* est long à la fin des noms propres qui ont dans le grec un *oméga* à la dernière syllabe, comme *Cliō, Echō, Androgeō*, etc. Ex.

Cliōque et Beroe soror, Oceanitides ambæ[2]. V.

RÈGLE V. *U*.

U, à la fin des mots, est toujours long, comme *tū, tonitrū*, etc. Ex.

Afflictus vitam in tenebris luctūque trahebam. V.

II. DES CONSONNES FINALES.

RÈGLE I. *B*.

B, à la fin des mots, est bref, comme *ăb, ŏb, sŭb*, etc. Ex.

Vitaque cum gemitu fugit indignata sŭb umbras. V.

---

[1] Il faut ajouter le pronom *ego*, si l'on veut suivre la quantité des poëtes du grand siècle. L'auteur range dans la même classe *imò* et *illico*; mais ces mots ont la dernière commune. Virgile a employé sept fois *imò*, mais comme il a toujours élidé la dernière, il ne nous apprend rien sur la quantité de cette finale ; Horace et Ovide l'élident de même. Un exemple de Martial, où l'*o* est bref, ne prouve nullement qu'il ne pût être allongé. Quant à *illico*, il avait primitivement la dernière longue (*in loco*) ; plus tard elle a été abrégée. (Éd.)

[2] On a substitué cet exemple de Virgile à un vers qui n'était pas de ce poëte. (Éd.)

RÈGLE II. *C*.

C, à la fin des mots, est long, comme *sīc, dūc, hīc* (adverbe), etc. Ex.

Sīc oculos, sīc ille manus, sīc ora ferebat. V.

Exception. C est bref dans *něc, doněc, făc* [1], et commun dans *hĭc* pronom. Ex.

Donĕc eris felix, multos numerabis amicos. O.

RÈGLE III. *D*.

D, à la fin des mots, est bref, comme *ăd, ĭd, quidquĭd*, etc. Ex.

Quidquĭd ĭd est, timeo Danaos et dona ferentes. V.

RÈGLE IV. *L*.

L, à la fin des mots, est bref, comme *procŭl, semĕl, nihĭl*, etc. Ex.

Innocui venient; procŭl hinc, procŭl impius esto. O.

Exception. L est long dans ces mots : *nīl, sōl*[2], et dans les noms hébreux, *Daniēl, Israēl*, etc. Ex.

Per duodena regit mundi sōl aureus astra. V.

RÈGLE V. *N*.

N, à la fin des mots, est long, comme *nōn, quīn, Titān*, etc. Ex.

Quīn ipsæ stupuēre domus, atque intima lethi.
Tartara. V.

---

[1] *Fac* est bref et non pas commun. (Éd.)
[2] L'auteur ajoute *sal*, mot dont la quantité est controversée. (Éd.)

Exceptions. 1° *N* final est bref dans les noms terminés en *en*, qui ont *inis* au génitif, comme *numĕn, numinis; flumĕn, fluminis,* etc. Ex.

>At prior Alcides solitâ prece numĕn adorat. Stat.

2° *N* est bref dans ces mots : *ăn, ĭn, tamĕn;* dans leurs composés *forsăn, forsităn*[1] *attamĕn;* et dans ces mots *vidĕn', nostĭn', egŏn',* et autres semblables, qui se mettent pour *vides-ne, nosti-ne, ego-ne,* etc. Ex.

>Nec circumfuso pendebat ĭn aere tellus. O.

3° *N* final est bref dans les noms grecs qui ont un *omicron* à la dernière syllabe, comme *Peliŏn, Iliŏn, Dardanŏn, Tantalŏn*[2], etc. Joignez-y *Thetĭn, Maiăn.* Ex.

>Peliŏn Æmoniæ mons est obversus in Austros. O.

RÈGLE VI. R.

R, à la fin des mots, est bref, comme *labŏr, sempĕr, vincitŭr,* etc. Ex.

>Tum variæ venére artes : labŏr omnia vincit. V.

Exceptions. 1° *R* est long dans les monosyllabes *cūr, fūr, Lār, nār, pār,* et ses composés *impār, dispār.* Ex.

>Ludere pār impār, equitare in arundine longá. H.

2° *R* final est long dans les noms en *er*, qui viennent du grec, et qui ont *eris* au génitif, comme *aēr,*

---

[1] L'auteur ajoute : *dein, proin*; mais on aurait bien de la peine à justifier cette quantité. (Éd.)

[2] *Pelion, Ilion,* sont des mots neutres; *Dardanon, Tantalon,* des accusatifs masculins, à l'imitation des Grecs, pour *Dardanum, Tantalum.* On a substitué ces deux derniers mots à *Orpheon,* qui a paru d'une latinité fort suspecte. (Éd.)

æthēr, *cratēr*, et dans ces deux mots latins, *vĕr* et *Ibēr*. Ex.

Alta petunt aēr, atque aere purior ignis O.
Vēr erat æternum ; placidique tepentibus auris
Mulcebant Zephyri natos sine semine flores. Id.

RÈGLE VII. S.

As est long à la fin des mots, comme *amās*, *ætās*, *Trojanūs*, etc. Ex.

Trojanūs ut opes et lamentabile regnum
Eruerint Danai. V.

Exceptions. 1° *As* final est bref dans les noms qui viennent du grec, et qui font *adis* au génitif, comme *Pallăs*, *Palladis*, *lampăs*, *Iliăs*, etc. Ex.

Bellica Pallăs adest, et protegit ægide fratrem.

2° *As* final est encore bref à l'accusatif pluriel des noms grecs, qui suivent dans le latin la troisième déclinaison, comme *heroăs*, *Troăs*, *Naiadăs*, etc. Ex.

Divisque videbit
Permixtos heroăs et ipse videbitur illis. V.

RÈGLE VIII.

Es est long à la fin des mots, comme *patrēs*, *diēs*, *monēs*, etc. Ex.

Albanique patrēs, atque altæ mœnia Romæ. V.

Exceptions. 1° *Es* final est bref dans les noms qui ont le crément bref, comme *segĕs*, *segĕtis*; *milĕs*, *milĭtis*, etc. Ex.

Arebant herbæ, et victum segĕs ægra negabat. V.

On exceptera les noms suivants, qui font *es* long, quoiqu'ils aient le crément bref : *Cerēs, Cerĕris; ariēs, abiēs, pariēs, pēs* et ses composés, *bipēs, quadrupēs, sonipēs,* etc. Ex.

Flava Cerēs alto nequicquam spectat Olympo. V.

2° *Es* est bref dans la préposition *penĕs*, dans ĕs seconde personne du verbe *sum*, et dans ses composés *potĕs, adĕs, prodĕs,* etc. Ex.

Me penĕs est unum vasti custodia mundi. O.
Natus ĕs e scopulis, nutritus lacte ferino. Id.

3° Les noms qui viennent du grec font *es* final bref au nominatif et au vocatif du pluriel [1], comme *Troĕs, Thracĕs, Arcadĕs,* etc. Ex.

Ambo florentes ætatibus, Arcadĕs ambo. V.

RÈGLE IX.

Is est bref à la fin des mots, comme *orbĭs, molĭs, legĭs, amatĭs,* etc. Ex.

Tantæ molĭs erat Romanam condere gentem. V.

Exceptions. 1° *Is* final est long dans tous les noms au datif et à l'ablatif du pluriel, comme *nobīs, templīs, subjectīs,* et dans les adverbes *gratīs, forīs.* Ex.

Parcere subjectīs, et debellare superbos. V.

2° *Is* est long dans les monosyllabes qui ont le crément long, comme *līs, lītis; Dīs, Dītis; glīs, glīris,* etc. Ex.

Grammatici certant, et adhuc sub judice līs est. H.

---

[1] Ces mêmes noms font *es* long à l'accusatif.

3° *Is* est long dans les verbes de la quatrième conjugaison, à la seconde personne du singulier du présent de l'indicatif, comme *audīs, venīs, abīs*, etc. Ex.

Si periturus abīs, et nos rape in omnia tecum. V.

4° *Is* est long dans *sīs*, et ses composés *adsīs, possīs*, etc.; dans *fīs, faxīs*, et dans *velīs, nolīs, malīs, ausīs*, etc. Ex.

Adsīs, o tandem propiùs tua numina firmes. V.

5° *Is* est encore long dans *vīs*, nom substantif et verbe, et dans ses composés, *mavīs, quivīs, quamvīs*[1], etc. Ex.

Quamvīs Elysios miretur Græcia campos. V.

RÈGLE X.

Os est long à la fin des mots, comme *honōs, animōs*, etc. Ex.

Imperium terris, animōs æquabit Olympo. V.

---

[1] Quelquefois *is* est long à la seconde personne du subjonctif terminé en *ris*, comme *dederis, miscueris;* mais on en voit peu d'exemples, et on trouve dans les poëtes un nombre infini d'exemples contraires. Probe pense que cette terminaison est brève de sa nature ; l'auteur de la quantité de Port-Royal est du même avis, et il ajoute que les poëtes ne font dans ce cas la syllabe longue que par césure ou par licence. Despautère prétend qu'elle est longue ou brève. Quoi qu'il en soit, le parti le plus sûr est de faire toujours brève cette terminaison, conformément à la règle générale.

.... *Non frustra vitium vitaverīs illud.* V.
.... *Si dixerīs, æstuo, sudat.* Juv.
Miscuerīs elixa simul conchylia turdis. H.
.... *Dederīs in carmina vires.* V.

(L'opinion de Despautère est préférable : cette finale est commune. (ÉD.)

Exceptions. 1° *Os* est bref dans *compŏs*, *impŏs*; *ŏs*, *ossis*, Ex.

Insequere, et voti postmodo compŏs eris. O.

2° *Os* final est encore bref dans les noms grecs qui ont un *omicron* à la dernière syllabe, comme *chaŏs*, *melŏs*, *Arcadŏs*, etc. Les noms grecs qui ont un *oméga* à la dernière syllabe font *os* long, comme *herōs*, *Athōs*, etc. Ex.

Et Chaŏs, ɩɟ Phlegethon, loca nocte silentia latè. V.
Quantus Athōs, aut quantus Eryx. ID.

RÈGLE XI.

Us est bref à la fin des mots, comme *unŭs*, *vultŭs*, *facinŭs*, etc. Ex.

Unŭs erat toto naturæ vultŭs in orbe. O.

Exceptions. 1° *Us* final est long dans les noms de la quatrième déclinaison au génitif singulier, au nominatif, à l'accusatif et au vocatif du pluriel, comme *domūs*, *fructūs*, etc. Ex.

Stat fortuna domūs, et avi numerantur avorum. V.

2° *Us* final est long dans les noms de la troisième déclinaison, qui ont *u* pour crément au génitif, comme *salūs, salutis*; *tellūs, telluris*; *jūs, juris*, etc. Joignez-y *tripūs, tripodis*, et le nom *Jesūs*. Ex.

Omnia nam virtūs imperiosa domat. O.

RÈGLE XII.

Ys est bref à la fin des mots, comme *Capys*, *Typhŷs*, etc. Ex.

At Capŷs, et quorum melior sententia menti. V.

Exception. Il est long dans *Tethȳs* [1] (Τηθύς, femme de l'Océan) :

Teque sibi generum Tethȳs emat omnibus undis. V.

RÈGLE XIII. *T*.

T est bref à la fin des mots [2], comme *capŭt, an-nuĭt, tremefecĭt,* etc.

Annuĭt, et totum nutu tremefecĭt Olympum. V.

CHAPITRE IV

PRINCIPES DE VERSIFICATION LATINE

DE L'ÉLISION.

Quand deux voyelles se rencontrent, l'une à la fin d'un mot et l'autre au commencement du mot suivant, il se fait une élision, c'est-à-dire que la première voyelle se retranche dans la mesure du vers. Il en est de même des diphthongues. Si l'on met dans un vers ces mots, *ille ego, Musæ aderunt,* on doit dire en scandant *ill'ego, Mus'aderunt.*

La consonne *m* se retranche aussi avec la voyelle qui la précède [3], quand elle se trouve à la fin d'un

---

[1] Cette finale est longue en grec, comme aussi celle de Φορκύς, πρεσβύς. L'exemple précédent, qui a été ajouté, a forcé de restreindre le précepte général. (ÉD.)

[2] Bien entendu, si le *t* final est précédé d'une consonne, comme dans *amant, docent,* ces deux consonnes rendent la syllabe longue. (Voyez la seconde règle générale, p. 14.)

[3] Si la consonne *m* se trouve au commencement d'un mot, la voyelle qui la précède ne fait plus d'élision avec celle qui la suit; comme dans ces mots : *tela manu.*

La lettre *h* n'est comptée pour rien dans l'élision : pour *doctu homines,* on dira dans la mesure *doct' homines.*

Quelquefois l'élision se fait d'un vers à l'autre, comme on le mot devant une voyelle dans le mot suivant. Pour scander dans un vers ces mots, *illum etiam*, on dira, *ill'etiam*. Ex.

Illum etiam lauri, illum etiam flevere myricæ. V.

Il y a dans ce vers trois élisions ; et on doit le scander ainsi :

Ill'ĕtiām laūr', ill' ĕtiām flēvĕrĕ mȳrīcæ.

Les interjections *o, ah, heu, proh, vah*, ne font point l'élision avec la voyelle qui suit. Ex.

O pater, ō hominum Divùmque æterna potestas. V.

DE LA CÉSURE.

La *césure* [1] est une syllabe longue qui finit un mot et commence un pied [2]. Ex.

Aut quid in eversâ vidi crudelius urbe ? V.

Les syllabes *sa, di* sont des césures [3].

---

voit dans l'exemple suivant : c'est une licence peu ordinaire, et qu'il est mieux d'éviter.

*Quem non incusavi amens hominumque Deorumque,
Aut quid in eversâ vidi crudelius urbe ?* V.

[1] Le mot *césure* signifie coupure, division, séparation.
[2] Cette définition a paru plus claire et plus rigoureuse que celle de l'auteur. (Éd.)
[3] Tout ce passage a été modifié. L'auteur indiquait à tort trois césures dans ce vers :

Arma virumque cano, Trojæ qui primus ab oris. V.

L'enclitique *que*, qui s'incorpore avec *virum* et déplace l'accent, empêche la syllabe *rum* de faire césure. Le vers suivant :

Arma virumque deumque canebat primus ab oris,

serait un fort mauvais vers, qui, loin d'avoir *deux* césures, n'en aurait pas même une. (*Voyez* de plus amples développements sur la césure, dans le *Traité de Versification*, p. 145.) Éd.

Le vers hexamètre peut avoir trois césures, une après chacun des trois premiers pieds :

Sylvestrēm tenuī musām meditaris avend. V.

Il doit avoir au moins une césure après le second pied ; au défaut de cette césure, on en met une après le premier pied et une après le troisième [1].

At nos hinc aliī sitientes ibimus Afros. V.
Bis senōs cui nostra diēs altaria fumant. ID.

DE LA CONSTRUCTION DU VERS.

Les pensées et les expressions sont la matière du vers ; la mesure dépend de l'arrangement des syllabes longues ou brèves. La matière étant donnée, il faut chercher d'abord les deux derniers pieds du vers, et arranger ensuite les autres pieds, en gardant toujours les règles de la quantité, de la césure et de l'élision.

Si l'on avait, par exemple, pour matière d'un vers hexamètre [2] :

Pŏlī intŏnŭērĕ, ĕt æthēr mĭcăt crēbrīs īgnĭbŭs.

---

[1] Quelquefois la césure rend longue une syllabe brève de sa nature, comme dans ce vers de Virgile :

Luctus ubique, pavōr, et plurima mortis imago.

Quelquefois aussi les poëtes s'écartent de la règle qu'on donne ici par rapport au nombre et à l'arrangement des césures ; ce sont des licences qui peuvent avoir lieu dans un poëme de longue haleine. Les commençants surtout doivent s'attacher à la règle, et suivre l'usage ordinaire.

[2] On doit se rappeler que le vers hexamètre est composé de six pieds, dont les quatre premiers sont dactyles ou spondées, e cinquième un dactyle, et le sixième un spondée.

En changeant l'ordre des mots, on ferait ainsi le vers ;

Intŏnŭērĕ pŏli, ēt crēbrīs mĭcăt īgnĭbŭs æthēr. V.

DES SYNONYMES.

Quand on trouve des mots qui ne peuvent se prêter à la mesure du vers, il faut les changer. On cherche alors des synonymes qui aient la même signification, et dont la quantité soit différente. Dans la matière suivante, par exemple :

Dura tum positis fient mitiora sæcula bellis.

A la place de ces mots, *dura,* et *fient mitiora,* on peut mettre les synonymes, *aspera* et *mitescent.*

Aspera tum positis mitescent sæcula bellis. V.

Quelquefois on met le singulier pour le pluriel, ou le pluriel pour le singulier. Exemple :

Flavumque de viridibus stillabat mel ilicibus.
Flavaque de viridi stillabant ilice mella. O.
Uterumque armatis militibus complent[1].
. . . *Uterumque armato milite complent* V.

On peut même changer la construction de la phrase sans changer la pensée. Exemple :

Lentam salicem multùm superat pallens oliva.
Lenta salix multùm pallenti cedit olivæ. V.

Pour faire ces changements dans la matière du vers, il faut considérer la justesse, la force et la beauté des expressions. Souvent des mots, qui paraissent synonymes, sont bien différents dans l'usage

---

[1] Il a paru convenable de donner aussi un exemple du singulier pour le pluriel. (Éd.)

et l'application. Prenons pour exemple le vers suivant :

*Fit via vi : rumpunt aditus, primosque trucidant
Immissi Danai.* V.

Oublions pour un moment la quantité, et mettons.

*Faciunt viam vi, aperiunt aditus, primosque occidunt
Immittentes sese Danai.*

Voilà des termes synonymes ; mais quelle énergie dans les uns, et quelle faiblesse dans les autres !

DES ÉPITHÈTES.

L'épithète est un adjectif, qu'on ajoute dans le vers au nom substantif. Si l'on avait, par exemple, ces mots : *Interea pendent circum oscula nati*. Pour faire un vers, on pourrait ajouter une épithète au mot *nati :*

Interea dulces pendent circum oscula nati. V.

L'épithète n'est pas un mot pris au hasard pour remplir le vers ; elle doit être propre à la chose, riche et élégante. C'est dans la nature même du sujet qu'il faut la chercher.

Il s'agit, par exemple, de représenter le vautour qui dévorait le foie de Prométhée :

Rostroque vultur tondens[1] jecur et viscera.

---

[1] De *tondeo*, κείρω. Il semble que ce dernier mot soit consacré dans la description du supplice de Prométhée ; car les prosateurs l'emploient comme les poëtes. Homère (Odyssée, XI, 577) :

Γῦπε δέ μιν ἑκάτερθε παρημένω ἧπαρ ἔκειρον.

Lucien, Prométh. Καταπτήσεται δὲ ἤδη ὁ ἀετὸς ἀποκερῶν τὸ

Considérez d'abord quelle est la nature de ce vautour, il est farouche et cruel, *immanis*. Vous pouvez ajouter au mot *rostro* une épithète qui peigne l'objet, *obunco*. Quelle proie dévore-t-il ce vautour ? un foie qui renaît à mesure qu'il est dévoré, *immortale jecur;* des entrailles qu'il rend fécondes en tourments, *fecundaque pœnis viscera.*

> . . . *Rostroque immanis vultur obunco*
> *Immortale jecur tondens, fecundaque pœnis*
> *Viscera.* V.

Le même poëte décrit une flamme merveilleuse, qui paraît tout à coup sur la tête du jeune Iule, sans embraser ses cheveux :

> *Ecce levis summo de vertice visus Iuli*
> *Fundere lumen apex, tactuque innoxia molli*
> *Lambere flamma comas, et circum tempora pasci.*

Et pour peindre l'état des campagnes dans des jours de stérilité :

> *Arebant herbæ, et victum seges ægra negabat.*

Quelle justesse et quelle beauté dans ces épithètes, *levis, innoxia, molli, ægra !*

Les épithètes sont d'un grand usage dans la poésie. Mais il faut les employer avec discernement, et prendre garde de trop les multiplier. On évitera surtout celles qui n'ajoutent rien à la pensée : ce sont des mots inutiles et superflus qui surchargent le vers au lieu de l'embellir.

ἧπαρ Eustathe explique κείρω dans ce sens par ἀπλήστως ἐσθίω. Quoique la leçon *tondens* soit celle des meilleurs manuscrits, elle choque assez nos mauvaises habitudes pour qu'un professeur me l'ait signalée comme une faute dans mon édition de Virgile. (Éd.)

Observez que l'épithète se met ordinairement dans le vers avant le substantif auquel elle se rapporte.

Mollia securæ *peragebant otia gentes.* O.

Quelquefois cependant l'épithète, placée, après le substantif, donne plus de force à la cadence et à l'expression, comme dans les vers suivants :

Apparent rari nantes in gurgite vasto. V.
Ferret hiems culmumque levem, *stipulasque* volantes.
Vox quoque per lucos vulgò exaudita silentes
Ingens. Id.

DES PÉRIPHRASES.

Les périphrases sont des circonlocutions que les poëtes emploient pour rendre l'expression plus riche et plus nombreuse. Par exemple, au lieu de *segetes*, on dira : *Cereris munera ;* pour *ver, dulcia veris tempora;* pour *arare, telluri infindere sulcos;* pour *navigare, tentare Thetin ratibus,* etc.

Quelquefois la périphrase est plus étendue : pour *mare.*

Atque indignatum magnis stridoribus æquor.

Pour *manè*, le matin :

Quum Phœbum revehit stellis aurora fugatis.

On voit dans ces exemples en quoi consiste la beauté des périphrases. Le poëte doit éviter les circonlocutions prosaïques, et qui ne conviennent pas au style poétique; celles qui sont surchargées de mots inutiles, et qui n'ajoutent rien à l'éclat, à la richesse ou à l'harmonie des vers.

PROSODIE LATINE.

ÉTENDRE LA MATIÈRE DES VERS
ET AJOUTER DES PENSÉES.

Ce n'est pas assez de changer et d'ajouter des mots. Donnons maintenant un libre essor à l'imagination. Il faut étendre la matière, et trouver des pensées capables de l'embellir. Ces nouvelles richesses doivent sortir du fonds même du sujet : pour les découvrir, on considérera quelle est la nature de la chose, quelles en sont les circonstances, les causes, les effets, etc.

Si l'on avait, par exemple, pour matière d'un vers ces deux mots, *resonat tonitru*, on dirait : Qu'est-ce que le tonnerre ? c'est un bruit affreux, dont le ciel même est ébranlé.

Concusso resonant horrenda tonitrua cœlo.

Et de même avec ces mots, *pereunt segetes*, on ferait aisément deux vers. Il faudrait ajouter deux pensées qui se présentent naturellement ici : le laboureur voit périr l'objet de ses vœux et de ses espérances : *deplorata coloni vota jacent ;* il perd en un instant le fruit de ses longs et pénibles travaux : *longique perit labor irritus anni.*

Sternuntur segetes, et deplorata coloni
Vota jacent, longique perit labor irritus anni. O.

Virgile représente un rossignol qui pleure la perte de ses petits : *Philomela amissos queritur fetus;* et dans cette simple pensée, il trouve la matière de plusieurs vers :

Qualis populeâ mœrens Philomela sub umbrâ,
Amissos queritur fetus, quos durus arator.
Observans nido implumes detraxit ; at illa
Flet noctem, ramoque sedens, miserabile carmen
Integrat, et mœstis late loca questibus implet.

OBSERVATIONS

SUR L'ÉLÉGANCE ET LA BEAUTÉ DES VERS.

I. DU CHOIX DES EXPRESSIONS.

Rien de plus important dans la poésie, que le choix des expressions. La plus belle pensée ne peut plaire, quand elle est mal rendue. Pour faire ce choix avec goût, il faut considérer la valeur des termes et l'usage auquel on les destine.

1° Dans les sujets simples et légers, l'élégance et la simplicité doivent caractériser l'expression.

Tityre, tu patulæ recubans sub tegmine fagi,
Sylvestrem tenui Musam meditaris avenâ :
Nos patriæ fines et dulcia linquimus arva. V.

Ac veluti in pratis ubi apes æstate serenâ
Floribus insidunt variis, et candida circum
Lilia funduntur : strepit omnis murmure campus. ID.

2° Si le sujet est grave ou relevé, il demande des expressions fortes et énergiques.

Trojanas ut opes et lamentabile regnum
Eruerint Danai. V.
Exspatiata ruunt per apertos flumina campos. O.
Vicinæ, ruptis inter se legibus, urbes
Arma ferunt : sævit toto Mars impius orbe. V.
Illi[1] *indignantes, magno cum murmure montis,*
Circum claustra fremunt. Celsâ sedet Æolus arce,
Sceptra tenens ; mollitque animos, et temperat iras. V

---

[1] *Venti.*

3° Les expressions qui donnent de la sensibilité et des passions aux choses inanimées, sont d'une grande beauté dans la poésie.

Non rastros patietur humus, non vinea falcem. **V.**
Quum sitiunt herbæ, et pecori jam gratior umbra est.
Purpureus veluti quum flos succisus aratro
Languescit moriens.
Exiit ad cœlum ramis felicibus arbos,
Miraturque novas frondes, et non sua poma.
. . . . . *Pontem indignatus Araxes...*
Quin ipsæ stupuere domus atque intima lethi
Tartara. Id.

Ces mots, *patietur, sitiunt, languescit moriens*, etc., répandent dans ces vers un éclat merveilleux.

Il en est de même des vers suivants, dans lesquels le poëte donne de la réflexion et du sentiment à un cheval, à un taureau :

Pòst bellator equus, positis insignibus, Æthon
It lacrymans, guttisque humectat grandibus ora. **V.**
. . . . *It tristis arator,*
Mœrentem abjungens fraternâ morte juvencum. Id.

4° Le poëte doit surtout rechercher les expressions qui peignent les objets : quelque sujet qu'il traite, son premier devoir est de peindre la nature.

Virgile représente une espèce d'abeilles d'une figure rebutante : *aliæ turpes horrent.*

Polyphème étendu dans son antre :

. . . . . *Jacuitque per antrum*
Immensus.

Cerbère épris des accords d'Orphée :

. . . . . *Tenuitque inhians tria Cerberus ora.*

Un berger couché sur le gazon, et qui voit de loin ses chèvres sur une colline escarpée :

Non ego vos posthac, viridi projectus in antro,
Dumosâ pendere procul de rupe videbo.

Hector attaché au char d'Achille et traîné autour des murs de Troie :

Raptatus bigis, ut quondam, aterque cruento
Pulvere, perque pedes trajectus lora tumentes.

Ces expressions *horrens, jacuit, tenuit, inhians*, etc., peignent les objets d'après nature. Qu'on mette à la place de ces mots, *aliæ turpes sunt, recubuit in antro, cessavit latrare*, etc., l'image disparaît, et les vers perdent leur beauté.

5° Il est encore des expressions heureuses, qui relèvent une pensée commune et simple par elle-même. Par exemple, au lieu de dire, *nec lana imitabitur varios colores :*

Nec varios discet mentiri lana colores. V.

Au lieu de *tellus inarata parturiebat*[1] :

. . . . . *Rastroque intacta, nec ullis*
Saucia vomeribus, per se dabat omnia tellus. O.

II. DES LICENCES POÉTIQUES DANS LA MANIÈRE DE S'EXPRIMER.

La poésie a son langage et son style particulier : elle s'écarte quelquefois des règles de la prose. Ce sont des licences réservées aux poëtes, et qui peuvent faciliter la versification.

1° Au lieu du gérondif en *di*, après un nom sub-

---

[1] *Parturibat*, dans Phèdre, est une forme poétique. (Éd.)

stantif, souvent les poëtes se servent du présent de l'infinitif :

Sed si tantus amor casus cognoscere nostros. V.

Au lieu de *amor cognoscendi.*

Ils se servent aussi du présent de l'infinitif, au lieu du gérondif en *dum* avec la préposition *ad*. Par exemple, on dira *celer irasci*, pour *celer ad irascendum ; bonus dicere, bonus inflare,* pour *bonus ad dicendum, ad inflandum,* etc.

. . . . . *Boni quoniam convenimus ambo,*
Tu calamos inflare leves, ego dicere versus. V.

2° Les poëtes mettent souvent le nom substantif à l'accusatif après un nom adjectif, ou un participe passif, à l'imitation des Grecs. Par exemple, ils disent *pulcher faciem,* pour *pulcher facie ; redimitus tempora,* pour *habens tempora redimita.* On sous-entend alors la préposition *secundum : pulcher secundùm faciem, redimitus secundum tempora.*

Os humerosque deo similis. V.
Vittis et sacrâ redimitus tempora lauro. Id.

Quelquefois ils mettent le datif, au lieu de l'accusatif, avec *in* ou *ad*. Ex.

It clamor cœlo, pour *it clamor ad cœlum.* V.

3° On peut souvent mettre dans les vers le pluriel pour le singulier, et le singulier pour le pluriel. Ex.

. . . . *Et patrios fœdasti sanguine vultus.* V.

Au lieu de *patris vultum.*

Le comparatif pour le superlatif : au lieu de *pulcherrimus omnium,* on dira *pulchrior ante alios,* ou *quo pulchrior alter non fuit.*

L'adjectif pour l'adverbe : *suave rubens hyacinthus* pour *suaviter rubens ; vana tumentem*, pour *vanè tumentem; solvite vela citi*, pour *cito*, etc.

4° Pour exprimer les noms de nombre, souvent les poëtes se servent d'une périphrase : par exemple, pour *quatuor*, ils diront *bis duo;* pour *decem, bis quinque* ou *bis quini;* pour *quatuordecim, bis septem* ou *bis septeni*, etc.

> *Sunt mihi bis septem præstanti corpore Nymphæ.* V.
> *Bis quinos silet ille dies.* Id.

5° Quelquefois on peut mettre dans les vers la préposition après le nom auquel elle se rapporte. Ex.

> *Spemque metumque inter.* V.
> . . . . . *Maria omnia circum.* Id.

Quelquefois aussi on sous-entend les prépositions dans les questions de lieu ; par exemple, on dira : *lucis habitamus opacis*, au lieu de *habitamus in lucis*.

Et pour *devenere in locos :*

> *Devenere locos lætos et amœna vireta.* V.

Les poëtes ont encore la liberté de séparer plusieurs prépositions des mots auxquels elles sont jointes dans le discours ordinaire. Ils disent, par exemple :

> *Hac celebrata tenus* pour *hactenus celebrata,*
> *Quo res cumque cadent,* pour *quocumque res cadent.*
> *Collo dare brachia circum,* pour *circumdare brachia collo,* etc.

Observez que tous les mots composés ne sont pas susceptibles d'une pareille transposition. Il faut, sur cet objet, consulter l'usage et l'exemple des poëtes.

III. DE LA CADENCE DES VERS

Ce que Boileau a dit de la poésie française, on peut le dire ici de la poésie latine.

> Il est un heureux choix de mots harmonieux ;
> Fuyez des mauvais sons le concours odieux.
> Le vers le mieux rempli, la plus noble pensée
> Ne peut plaire à l'esprit quand l'oreille est blessée.
> *Art poétique.*

Telle est en général la cadence qui doit régner dans les vers.

On distingue des cadences particulières, plus marquées, et propres à peindre les objets. C'est un des moyens dont le poëte se sert pour relever et pour embellir l'expression. Il rend le nombre grave ou léger, doux ou véhément, selon la différence des choses qu'il veut exprimer.

CADENCES GRAVES ET NOMBREUSES.

Elles servent à peindre des objets graves et majestueux, les choses tristes et lugubres. Pour donner au vers cette cadence, il faut employer les spondées et les grands mots :

> *Annuit, et totum nutu tremefecit Olympum.* V.
> *Luctantes ventos, tempestatesque sonoras...*
> *Exstinctum Nymphæ crudeli funere Daphnim*
> *Flebant.*
> *Ecce trahebatur passis Priameia virgo*
> *Crinibus.* ID.

Le vers spondaïque est particulièrement destiné à former cette cadence :

Cara Deûm soboles, magnum Jovis incrementum. V.

. . . . . *Nec brachia longo*
Margine terrarum porrexerat Amphitrite. O.

Un poëte moderne a employé heureusement ce vers pour exprimer le dernier soupir de Jésus-Christ :

Supremanque auram, ponens caput, exspiravit. Vida.

CADENCES LÉGÈRES ET RAPIDES.

Elles demandent des dactyles et des mots d'une prononciation brève et légère. Cette espèce de cadence, ainsi que les suivantes, indiquent par elles-mêmes leur usage et leur propriété :

Quadrupedante putrem sonitu quatit ungula campum. V.
Vel mare per medium, fluctu suspensa tumenti,
Ferret iter, celeres nec tingeret æquore plantas.
. . . . . . *Juvenum manus emicat ardens.*
Littus in Hesperium. Id.

CADENCES DOUCES.

Il faut employer des mots doux et coulants, et les arranger de la manière la plus capable de flatter l'oreille :

Ver erat æternum; placidique tepentibus auris.
Mulcebant Zephyri natos sine semine flores. O.
Mollia luteolâ pingit vaccinia calthâ. V.
Unda levi somnum suadebit inire susurro. Id.

CADENCES DURES ET RUDES.

Tum ferri rigor, atque argutæ lamina serræ. V.
Monstrum horrendum, informe, ingens, cui lumer ademptum.

*Hinc exaudiri gemitus, et sæva sonare
Verbera, tum stridor ferri, tractæque catenæ.* Id.

CADENCES PESANTES ET EMBARRASSÉES.

*Illi inter sese magnâ vi brachia tollunt
In numerum, versantque tenaci forcipe ferrum.* V.
Ergo ægrè rastris terram rimantur. Id.

Les cadences coupées, ou terminées par une chute à la fin du vers, sont quelquefois d'une grande beauté :

Olli sommum ingens rupit pavor. V.
*Sternitur, exanimisque tremens procumbit humi bos.
Sic fatus senior, telumque imbelle sine ictu
Conjecit.* Id.

CONTINUATION DU CHAPITRE II.

DES DIFFÉRENTES ESPÈCES DE VERS

DU VERS ALCAIQUE[1].

La strophe Alcaïque est composée de quatre vers, dont les deux premiers sont semblables.

Ces deux vers ont quatre pieds et une syllabe : le premier pied est un iambe ou un spondée; le second

---

[1] Le vers Alcaïque a tiré son nom du poëte Alcée, qui l'inventa.

Dans les hymnes, chaque strophe doit être suivie d'un repos; mais dans l'ode on peut suspendre le sens à la fin de la strophe, et la lier avec la suivante. Il en est de même de tous les vers lyriques. Nous ne parlerons ici que des vers les plus beaux et les plus intéressants.

un iambe, suivi d'une syllabe longue ; le troisième et le quatrième sont deux dactyles :

> Vĭdēs | ŭt āl | tā | stēt nĭvĕ | cāndĭdum
> Sōrāc | tĕ ; nēc | jām | sūstĭnĕ | ānt ŏnus.

Le troisième vers ne diffère des deux premiers, qu'en ce qu'il y a deux trochées à la fin, au lieu des deux dactyles :

> Sīlvæ | lăbō | rān | tēs, gĕ | lūque.

Le quatrième vers est composé de deux dactyles et de deux trochées :

> Flūmĭnă | cōnstĭtĕ | rīnt ă | cūto.

La strophe doit s'écrire ainsi :

> Vides ut alta stet nive candidum
> Soracte ; nec jam sustineant onus
> Silvæ laborantes, geluque
> Flumina constiterint acuto. H.

DES VERS SAPHIQUE ET ADONIQUE.

Le vers Saphique est composé de cinq pieds, dont le premier est un trochée, le second un spondée, le troisième un dactyle, le quatrième et le cinquième sont deux trochées [1].

> Scāndĭt | ǣrā | tūs vĭtĭ | ōsă | nāves
> Cūră, | nēc tūr | mās ĕquĭ | tūm rĕ | līnquit.

Les vers Adonique est composé d'un dactyle et d'un spondée [2] :

> ōcĭŏr Eūro.

---

[1] *Saphique*, ce nom vient de Sapho, qui inventa cette espèce de vers.

[2] Le vers Adonique était d'un grand usage dans les fêtes

Pour former une strophe, on met trois vers Saphiques et ensuite un vers Adonique :

Scandit æratas vitiosa naves
Cura, nec turmas equitum relinquit.
Ocior ventis, et agente nimbos
    Ocior Euro.

DES VERS ASCLÉPIADE, GLYCONIQUE ET PHÉRÉCRATIEN [1].

Le vers Asclépiade est composé de quatre pieds et d'une syllabe : le premier pied est un spondée; le second un dactyle, suivi d'une syllabe longue; les deux derniers sont deux dactyles :

Mæcenas atavis edite regibus,
O et præsidium et dulce decus meum. H.
Mæcē | nās ătă | vīs | ĕdĭtĕ | rēgĭbus.

Le vers Glyconique est composé d'un spondée et de deux dactyles :

Aūdāx | ōmnĭă | pērpĕti. H.

Le vers Phérécratien est composé d'un dactyle entre deux spondées.

Mūltō | nōn sĭnĕ | rīsu. H.

Ces trois vers peuvent s'arranger ensemble de plusieurs manières, pour former une strophe.

1° Trois vers Asclépiades, suivis d'un vers Glyconique :

Aurum per medios ire satellites,

---

lugubres qu'on célébrait en mémoire de la mort d'Adonis; c'est de là qu'il a tiré son nom.

[1] Trois poëtes grecs furent auteurs de ces vers : Asclépiade, du vers qui porte son nom; Glycon, du vers Glyconique, et Phérécrate, du vers Phérécratien.

Et perrumpere amat saxa, potentius
Ictu fulmineo : concidit auguris
    Argivi domus ob lucrum. H.

2° Deux Asclépiades, un Phérécratien et un Glyconique :

Te flagrantis atrox hora Caniculæ
Nescit tangere ; tu frigus amabile
    Fessis vomere tauris
Præbes, *et pecori vago.* H.

3° Un Glyconique et un Asclépiade alternativement :

Audax omnia perpeti,
Gens humana ruit per vetitum nefas. H.

DU VERS IAMBIQUE.

Les vers Iambiques sont ordinairement de quatre ou de six mesures. Les pieds des nombres pairs, 2, 4, 6, doivent toujours être des iambes ; les pieds des nombres impairs, 1, 3, 5, sont iambes ou spondées [1].

IAMBIQUE DE QUATRE MESURES [2].

Ut prisca gens mortalium. H.
Ŭt prī | scă gēns | mōrtă | lĭum.

IAMBIQUE DE SIX MESURES

Fontesque lymphis obstrepunt manantibus. H.
Fōntēs | que lȳm | phīs ōb | strĕpūnt | mānān | tĭbus. Id.

---

[1] Tout ceci n'est ni exact ni complet. Voir le *Traité de versification*, p. 203. (Éd.)

[2] Le vers cité ici par l'auteur n'était pas d'Horace. (Éd.)

PROSODIE LATINE.

Dans les hymnes, on peut faire une strophe de quatre petits iambiques ¹ :

O quando lucescet tuus,
Qui nescit occasum, dies !
O quando sancta se dabit,
Quæ nescit hostem, patria !

Dans l'ode, on met ordinairement l'iambique grand et petit alternativement :

Beatus ille, qui procul negotiis,
Ut prisca gens mortalium,
Paterna rura bobus exercet suis,
Solutus omni fœnore. H.

DU VERS PHALEUCE OU HENDÉCASYLLABE.

Le vers Phaleuce ² est composé de cinq pieds, dont le premier est un spondée, le second un dactyle ; les trois autres sont des trochées :

Nunquam divitias Deos rogavi ³.
Nūnquām | dĭvĭtĭ | ās Dĕ | ōs rŏ | gāvi.

---

¹ Prudence, le prince des poëtes chrétiens, a souvent fait usage de cette strophe. (ÉD.)

² On appelle ce vers *phaleuce*, du nom du poëte qui l'inventa, et *hendécasyllabe*, parce qu'il est composé de onze syllabes : ce mot vient du grec ἕνδεκα, onze, et συλλαβή, syllabe.

³ Ce vers n'est pas d'Horace, ainsi que l'indiquait l'auteur : les poésies d'Horace n'offrent pas de vers phaleuce. (ÉD.)

FIN.

TABLE

Chap. I. *De la quantité en général*........................... 11
 Des pieds.. Ib.
Chap. II. *Du vers Hexamètre*............................... 12
 Du vers Pentamètre..................................... 13
Chap. III. *Des règles de la quantité*....................... 14
 I. Des règles générales.................................. Ib.
 II. Règles particulières des mots composés........... 18
 — Des créments considérés dans les noms........... 19
 — Des créments du singulier, 1re, 2e déclinaisons.... 20
 — 3e déclinaison.. 21
 — 4e et 5e déclinaisons................................ 25
 Du crément du pluriel dans les noms................. Ib.
 — Des créments considérés dans les verbes......... 26
 Des parfaits... 29
 Des supins.. Ib.
 Des syllabes finales.................................... 31
 I. Des voyelles... Ib.
 II. Des consonnes finales.............................. 35
Chap. IV. *Principes de la versification*.................... 42
 — De l'élision.. Ib.
 — De la césure... 43
 — De la construction du vers......................... 44
 — Des Synonymes..................................... 45
 — Des Épithètes....................................... 46
 — Des Périphrases..................................... 48
 — Étendre la matière des vers et ajouter des pensées.. 49

OBSERVATIONS SUR L'ÉLÉGANCE ET LA BEAUTÉ DES VERS.

I. Du choix des expressions 50
II. Des licences poétiques 52
III. De la cadence des vers 55

DES DIFFÉRENTES ESPÈCES DE VERS.

Du vers Alcaïque 57
— Saphique 58
— Adonique .... Ib.
— Asclépiade 59
— Glyconique .... Ib.
— Phérécratien .... Ib.
— Iambique 60
— Phaleuce 61

FIN DE LA TABLE.

Paris. — Imp. E. Capiomont et V. Renault, 6, rue des Poitevins.

www.ingramcontent.com/pod-product-compliance
Lightning Source LLC
LaVergne TN
LVHW021739080426
835510LV00010B/1289